Bibliografische Information der Deutschen Nationalbibliothek:
Die Deutsche Nationalbibliothek verzeichnet diese Publikation
in der Deutschen Nationalbibliografie; detaillierte
bibliografische Daten sind im Internet über
http://dnb.dnb.de
abrufbar.

Herstellung und Verlag:
BoD - Books on Demand, Norderstedt

ISBN: 978-3-75432-884-2

Sehnsucht nach Meer?

Sie wollen mehr?

Sie wollen ans Meer?

Sie wollen heute in den Park und morgen ins Kino?

Sie wollen selbst bestimmen, welches Joghurt Sie kaufen?

Sie möchten lang schlafen oder früh aufstehen?

Persönliche Assistenz macht es möglich!

Inhaltsverzeichnis (Was ist an Bord?)

Hallo und guten Tag!

Sie halten soeben die aktualisierte Broschüre „Persönliche Assistenz in Wien" von BIZEPS in Ihren Händen. Diese Broschüre bezieht sich auf die Wiener Gegebenheiten.

Für alle, die noch nicht mit Persönlicher Assistenz in Berührung gekommen sind, wollen wir mit der Broschüre einen guten Einblick geben und ihr Interesse daran wecken.

Persönliche Assistenz ist die einzige Unterstützungsform, mit der man trotz Unterstützungsbedarf mehr Unabhängigkeit von Angehörigen oder von außen vorgegebenen Strukturen wie Heimhilfe erlangen kann.

Diese Broschüre ist ein Nachschlagewerk und kann in keinem Fall eine persönliche Beratung (Peer-Beratung) ersetzen!

Peer bedeutet gleichwertig im Sinne von ähnlicher Lebenssituation und ähnlicher Lebenserfahrung. Die eigenen Erfahrungen und die professionelle Ausbildung der Peer-Beraterinnen schaffen Vertrauen im Gespräch mit Menschen, die Unterstützung suchen.

Auf einen Beilagenteil haben wir verzichtet.
Notwendige Dokumente finden Sie kostenlos im Downloadbereich unter
https://www.bizeps.or.at/wissenswertes/persoenliche-assistenz-in-wien/.

Dort finden Sie auch alle Adressen der Fördergeberinnen, der Peer-Beratungsstellen in Wien sowie der der Assistenzanbieterinnen.

Zur leichteren Lesbarkeit haben wir die weibliche Form personenbezogener Hauptwörter gewählt. Frauen und Männer werden jedoch in den Texten gleichermaßen angesprochen.

Wir wünschen Ihnen so viel Spaß beim Lesen, wie wir beim Erstellen hatten und freuen uns schon, Sie bald kennen zu lernen!

Im Sinne der Selbstbestimmung grüßen wir Sie herzlich!

Das BIZEPS-Team

Wien, im August 2021

Logbuch:

Wir haben in dieser Broschüre versucht, unser Wissen und unsere Erfahrungen zu vermitteln. Da aber das Prinzip der Persönlichen Assistenz selbst er- und belebt wird, können wir für Auswirkungen wie gesteigertes Selbstvertrauen, vermehrte Unternehmungslust, plötzlich auftretende Abenteuer und aufwallende Lebensfreude keine Verantwortung übernehmen.

Wer hat's erfunden?

Persönliche Assistenz wurde von Menschen mit Behinderungen in den 70iger Jahren in den USA erfunden.

Das Leben selbst in die Hand nehmen

Machen Sie doch was Sie wollen!
Mit Persönlicher Assistenz können Sie Ihr Leben selbst in die Hand nehmen! Sie bestimmen, wer Sie wann, wie und wo durch den Alltag begleitet.

Leben mit Behinderung bedeutet sehr oft, auf Hilfe im Alltag angewiesen zu sein. Immer wieder gehen Familienmitglieder und Freunde zur Hand, um Ihnen Ihre Lebensqualität zu erhalten. Das bringt aber auch eine gewisse Abhängigkeit mit sich.

Persönliche Assistenz ist jene Art von Dienstleistung, die Sie als Mensch mit Behinderung in die Lage versetzt, ein unabhängiges und selbstbestimmtes Leben zu führen.

Das gilt für alle Bereiche des täglichen Lebens, wie Körperpflege, Haushaltshilfe, Hilfe auf Wegen oder Erledigungen, Kommunikationshilfe in der Freizeit, im Berufsleben und auf Reisen.

Persönliche Assistenz bewahrt ein hohes Maß an Privatsphäre und ermöglicht Ihnen, das Leben nach eigenem Stil, eigenen Wertigkeiten und eigenen Prinzipien zu gestalten, in Ihrer eigenen Wohnung, am Arbeitsplatz, bei Freizeitaktivitäten, als Frau und Mann, als Liebende, als Arbeitende, als aktives Familienmitglied.

Der Unterschied zu herkömmlichen Hilfsangeboten bzw. Sozialen Diensten besteht darin, dass beim Modell Persönliche Assistenz die Initiative von Ihnen ausgeht. Sie nehmen die Organisation in die Hand und planen Ihren Alltag selbst.

Bestimmen Sie selbst, wer sie beim Duschen unterstützt, oder Sie gehen selbst wieder mit ihrem Hund spazieren und nicht die Nachbarin.

Vier Prinzipen

Wer: Sie suchen Ihr Personal selbst aus. („Für mich Nivea nur von weiblichen Händen")

Wann: Sie bestimmen Ihren Tagesablauf und entscheiden, wann und wie lange Sie Unterstützung benötigen. („rock around the clock")

Wo: Überall, wo Sie sich befinden, kann Persönliche Assistenz für Sie geleistet werden. („Von Wien bis Timbuktu")

Wie: Sie stellen Aufgaben und erteilen Aufträge - Sie bestimmen die Erledigungen. („Wenn du nach dem Gemüse schneiden und dem Wäsche waschen bitte auch noch den entlaufenen Hamster in der Wohnung einfängst!")

Auswirkungen

Selbstbestimmung
Das Recht auf Freiheit und Selbstbestimmung gilt auch für
Menschen mit Behinderungen!
Ich will über meinen Körper bestimmen, es ist **mein** Körper!
Ich will über mein Leben bestimmen, es ist **mein** Leben!

Selbstsicherheit
Mit dem Bewusstsein und durch das Vermitteln Ihrer eigenen
Bedürfnisse gegenüber den Assistentinnen geht auch ein
Wachsen der eigenen Selbstsicherheit einher. Niemand wird als
Chefin geboren und Führungsqualitäten können erworben
werden.

Unabhängigkeit
1000 mal „Bitte" und „Danke" sagen, gehört meist der
Vergangenheit an. Sie können das Zusammensein mit
Freundinnen und Familie genießen und die helfenden
Assistenzhände stellen behinderungsbedingte Unterstützung als
bezahlte Dienstleistung bereit.

Wie oft bedanken Sie sich bei Ihrer Frisörin?

Erfahrungen

Eine Assistenznehmerin erzählt:

Anfangs ist die Situation, meine Assistentinnen anzuleiten, möglicherweise überfordernd. Die Reihenfolge der Tätigkeiten, Zeitrahmen und „Wind und Wetter" zu berücksichtigen, braucht Übung. Währenddessen kann sich meine Meinung ändern und trotzdem versuche ich dabei meine eigenen Bedürfnisse und die der Assistentinnen (auch sie müssen manchmal auf's Klo ...) nicht aus den Augen zu verlieren.

Meine Assistentinnen finden nicht, ich sei anstrengend, wenngleich ich das manchmal in Frage stellen könnte.

Zum Beispiel bereiten mir meine Persönlichen Assistentinnen starken Kaffee mit einem Schuss Milch ohne Zucker und ich verschütte nicht wie üblich die Hälfte davon. Sie begleiten mich durch den Alltag, gehen mit mir zusammen einkaufen, montieren mir das eine oder andere Bild in der Wohnung, machen mit mir Amtswege, um diverse Anträge zu erledigen, entwirren mit mir meinen Schreibtisch, lesen mir etwas vor, weil mir das Buch zu schwer ist und gehen mit mir ins Kino, Theater, Konzert oder Museum, in das ich will.

Ist die Anfangszeit vorbei, kann es ja nur besser werden. Inzwischen ist meine Lebensqualität und meine Lebensfreude eindeutig gestiegen!

Wenn Sie die Fähigkeiten Ihrer Assistentinnen erkennen und diese gezielt einsetzen, sind die Assistentinnen auch motiviert und sie werden gerne für Sie und mit Ihnen arbeiten.

Wichtig für Ihre Rolle als Assistenznehmerin sind sowohl sachliche als auch zwischenmenschliche Aspekte.

Abgrenzung und Nähe

Abseits von verwaltungstechnischen Angelegenheiten, ist vor allem das Verhältnis zwischen Assistenznehmerin und Persönlicher Assistenz ausschlaggebend für die erfolgreiche Selbstbestimmung.

Gegenseitige Ansprüche sollten im Vorfeld geklärt werden, sowohl im vertraulichen und intimen als auch im arbeitsrechtlichen Bereich. Das betrifft konkrete Dienstpläne, ebenso wie persönliche Erwartungen.

Themen wie Pünktlichkeit, Arbeitseinsatz, Pausenlegung, Umgangsformen und Respekt müssen aufeinander abgestimmt sein.

Je klarer die Rahmenbedingungen besprochen werden, desto einfacher ist es für alle Beteiligten.

Eine gute Assistentin wird wahrscheinlich sehr viel von Ihnen wissen. Wie Sie beispielsweise Ihr Marmeladebrot essen und welchen Schuh Sie zuerst zubinden wollen. Sie kennt das Design Ihrer Bettwäsche, die gefühlten 30 Minuten, die Sie auf der Toilette brauchen, jeden einsamen Socken, der aus der Waschmaschine kommt und noch vieles mehr. Auch weiß sie mitunter über Ihre zwischenmenschlichen Beziehungen und Familienverhältnisse Bescheid.

Kritik und Motivation

Achten Sie deshalb darauf, dass Sie einen guten Mittelweg
zwischen Vertrauens- und Dienstverhältnis finden. Also ist das
oberste Gebot, die benötigte Unterstützung sicher zu stellen,
ohne die Persönlichkeit Ihrer Assistentinnen außer Acht zu
lassen.

Aufgaben, Ziele und Kompetenzen sollten sonnenklar definiert
und abgegrenzt werden. Setzen Sie Prioritäten und beziehen
Sie sich immer wieder auf die Sachlichkeit!

Umwege erhöhen die Ortskenntnis

Das alles mag für Sie zusätzlich zu einem gewissen
organisatorischen Aufwand im ersten Moment etwas mühsam
und vielleicht sogar abschreckend klingen.

Aber vergessen Sie bitte nicht, dass niemand als Führungskraft
geboren wird und eventuelle Anfangsschwierigkeiten stehen in
keinem Verhältnis zu der Lebensqualität, die Sie dadurch
erlangen! („learning by doing")

Herausforderung

Manchmal denkt sich die erlangte Selbständigkeit gewisse
Unselbstständigkeiten aus. Handgriffe, die Sie ohne Assistenz
noch selbst machten, werden Ihnen abgenommen.

Warum soll ich mich selbst plagen, wenn sich jemand anderer
für mich plagt, der sich ja gar nicht so plagt wie ich?

Persönlich betrachtet, dürfen wir uns auch mal ausruhen. Das Leben ist anstrengend und unser Leben vielleicht anstrengender als so manch anderes.

Gleichzeitig ist es dabei auch wichtig, die eigenen Fähigkeiten nicht zu verlernen und manchmal wieder selbst Hand anzulegen. Etwas selbst zu tun, soweit es möglich ist, macht auch Spaß! Erst recht, wenn man es freiwillig tut und Unterstützung in Anspruch nehmen könnte.

Einschulung

Haben Sie gewusst, dass der Mensch am meisten von dem behalten kann, was er selbst tut, nämlich 90 %? Informationen, über die er selbst spricht, kann er sich zu 70 % merken. Durch Hören und gleichzeitiges Sehen ist der Mensch immerhin im Stande, sich 50 % zu merken. Lediglich 30 % kann er von dem aufnehmen, was er nur sieht und gar nur 20 % von dem, was er nur hört.

Unter diesem Gesichtspunkt ist es wichtig, die Einschulung neuer Assistentinnen mit jemandem zu vollziehen, der derzeit diese Unterstützung leistet (Familie, Freundinnen oder schon vorhandene Assistentinnen).

Vorzeigen, verbale Anleitung und dann auch gleich selbst ausprobieren (heben, schieben oder lagern). Legen Sie das Augenmerk auf Ihre gewünschte Art und nicht darauf, wie das vielleicht im Rettungshelferkurs gelehrt wird.
„Ich wünsche mir, dass du mir sagst, was du dir wünscht.“
(Erfahrungen einer Assistentin)

Ihre Assistentinnen dürfen jede Handlung für Sie durchführen, die aufgrund Ihrer Behinderung für Sie selbst nicht möglich, zu anstrengend oder zeitaufwendig ist (z.B. auch putzen).

Ebenso medizinische Handlungen, aber nur, wenn die Assistentin durch medizinisches Fachpersonal für eine bestimmte Handlung eingeschult wurde und über eine schriftliche Bestätigung verfügt, dass sie diese nur an Ihnen ausführen kann und darf.

Wie bekomm' ich ...? Wo frag' ich ...? Was muss ich ...?

Logbuch:

An dieser Stelle weisen wir darauf hin, dass der rechtliche Teil Untiefen birgt, in denen auch wir nur mit Kompass und höchster Aufmerksamkeit unterwegs sind. Wir können und wollen Ihnen aber die wichtigsten Grundinformationen nicht vorenthalten.

Wer finanziert Persönliche Assistenz?

Persönliche Assistenz am Arbeitsplatz

Zuständigkeit: die jeweiligen Landesstelle des Sozialministeriumservice.

Zielgruppe: Menschen mit Behinderungen mit Pflegegeldstufe 3 - 7.

Ziel: Menschen mit Behinderungen sozialversicherungspflichtige Dienstverhältnisse, Ausbildung, Studium und Schule zu ermöglichen, indem sie die dafür nötige Assistenz bekommen.

Persönliche Assistenz am Arbeitsplatz umfasst die persönlichen Unterstützungsleistungen:

- Zur Erfüllung der im Dienstverhältnis festgelegten Verpflichtungen und innerbetrieblichen Regelungen
- Zur erfolgreichen Absolvierung einer Ausbildung

Dies umfasst nach Bedarf folgende Aufgaben:

- Begleitung am Weg von der Wohnung zur Arbeitsstelle bzw. zum Ausbildungsort und nach Hause
- Begleitung bei dienstlichen Verpflichtungen außerhalb des Arbeitsplatzes (z.B. beim Besuch von Veranstaltungen, Schulungen, bei Außendiensten)
- Unterstützungstätigkeiten manueller Art (z.B. Ablage von Unterlagen, Kopiertätigkeit, Mitschreiben im Unterricht und zuhause im Rahmen des Studiums oder der Weiterbildung)
- Assistenz bei der Körperpflege während der Dienst- oder Ausbildungszeit (z.B. Toilette)

Sonstige behinderungsbedingt erforderliche Assistenz-leistungen (z.B. Hilfe beim Ein- und Aussteigen aus oder in das Auto, An-/Ausziehen der Jacke, Hilfe beim Mittagessen). Diese Leistung gibt es österreichweit, es besteht aber kein Rechtsanspruch.

Anträge können bei der jeweiligen Landesstelle des Sozialministeriumservice gestellt werden, wo auch nähere Informationen erhältlich sind. Ihre Ansprechpartnerin in Wien ist die WAG Assistenzgenossenschaft. Die Peer-Beraterinnen erarbeiten mit Ihnen Ihren Assistenzbedarf und informieren Sie zur Persönlichen Assistenz am Arbeitsplatz.

Persönliche Assistenz im Privatbereich

Die Pflegegeldergänzungsleistung in Wien

Die „Pflegegeldergänzungsleistung für Persönliche Assistenz"
des Fonds Soziales Wien ist eine Zuzahlung, deren Höhe von
der Pflegegeldstufe und vom Bedarf der Antragstellerin
abhängig ist (PflegegeldERGÄNZUNGsleistung).

Zielgruppe: Menschen mit überwiegend körperlicher
Behinderung (Pflegestufe 3 - 7) bis 65 Jahre

Die vom Fonds Soziales Wien dafür festgelegten Voraus-
setzungen sind:

- Volljährigkeit
- Hauptwohnsitz in Wien, mindestens 6 Monate
- Österreichische Staatsbürgerschaft oder Gleichgestelltes
  (z.B. EU-Bürgerinnen)
- Keine Erwachsenenvertretung vorhanden

Der **Antrag** besteht aus drei Teilen:

1.) Dem allgemeinen Antragsformular auf Förderung von
Leistungen der Behindertenhilfe des Fonds Soziales Wien
Dieses Formular beinhaltet Angaben zur Person, Nachweise
über Behinderung und Einkommen sowie um welche Leistung
angesucht wird.

2.) Das Formular zur Selbsteinschätzung des Assistenzbedarfes
Das umfangreiche Selbsteinschätzungsformular stellt viele
Fragen, die Ihren Unterstützungsbedarf im Alltag betreffen.

Das Formular versucht, auf alle Bereiche des täglichen Lebens einzugehen und ist deshalb in vier Abschnitte aufgeteilt:

- **Grundbedürfnisse** (z.B. Toilette, Körperpflege, Nachtbereitschaft, An- und Ausziehen)
- **Haushalt** (Putzen, Pflanzen und/oder Tiere versorgen, Kochen, Einkaufen, etc.)
- **Freizeit** (Begleitung ins Kino, Theater, Konzert, Freundinnen treffen, ehrenamtliche Tätigkeiten, Sport, etc.)
- **Erhaltung** der Gesundheit (Begleitung zu Arzt, Therapien, Apotheken, etc.)

Hier ist es wichtig, eine Peer-Beratung in Anspruch zu nehmen, da dieses Formular eine intensive Auseinandersetzung mit Ihrem Alltag und Ihrem Unterstützungsbedarf erfordert. Die Peer-Beraterin wird Sie dabei unterstützen, nach Ihren Wünschen und Angaben, die Anforderungen Ihres Selbsteinschätzungsformulars zu meistern.

3.) Einladung in den Fonds Soziales Wien
Auch bei dieser Leistung durch den Fonds Soziales Wien ist ein persönliches Gespräch vorgesehen. Nachdem Ihr Antrag eingelangt ist, bekommen Sie eine schriftliche Einladung mit einem Termin.

Die Pflegegeldergänzungsleistung ist eine **freiwillige Leistung**.

Es besteht kein Rechtsanspruch.

Wird Ihr Antrag bewilligt, erhalten Sie eine schriftliche Fördervereinbarung. Darin wird Ihnen das Ausmaß der Geld-leistung bekannt gegeben, mit der Bitte, ein Exemplar unterschrieben zurückzuschicken.

Konto

Der Fonds Soziales Wien ist nicht an Ihren privaten Konto-
bewegungen interessiert. Zur besseren Transparenz ist ein nur
für die Pflegegeldergänzungsleistung eröffnetes Konto
erforderlich. Der bewilligte Betrag wird im Vorhinein
monatlich überwiesen und das zwölfmal im Jahr.

Nachweis

Die **Verwendung** der Pflegegeldergänzungsleistung muss
nachgewiesen werden. Auch dafür gibt es ein Formular: Keine
Panik, das Verwendungsnachweisformular hat nur wenige
Seiten und muss anfangs monatlich/später halbjährlich beim
Fonds Soziales Wien einlangen. Es ist äußerst übersichtlich
aufgebaut und nach oftmaligem Verwenden wird es so einfach
für Sie sein, wie Zähneputzen.

Durchrechnungszeitraum

Mithilfe einer **Jahresabrechnung** wird Ihr Verbrauch
ermittelt. Der monatliche Verbrauch darf schwanken, sollte er
allerdings die bewilligte Jahressumme (12 x bewilligter Betrag)
übersteigen, wird der **Differenzbetrag** nicht erstattet. Wenn
der jährliche Verbrauch unter der bewilligten Summe liegt, ist
der **Überschuss** an den Fonds Soziales Wien zurückzuzahlen.

Nur nachgewiesene Kosten werden abgegolten. Gibt es
Unregelmäßigkeiten in der Abrechnung oder sind Geldflüsse
nicht nachzuvollziehen bzw. nicht zweckgemäß verwendet,
behält sich der Fonds Soziales Wien das Recht vor, die
Leistung zu kürzen oder einzustellen und die betreffenden
Beträge zurückzufordern.

Die Pflegegeldergänzungsleistung beinhaltet

- Geleistete Assistenzstunden (Nettoentgelt der Assistentinnen)
- Anfallende Steuerberatungskosten (im Arbeitgebermodell)
- Lohnnebenkosten (im Arbeitgebermodell: Sozialversicherung, Steuern, etc.)
- Kontoführungskosten
- Rechnungen der Assistenzanbieterinnen

Folgende Kosten werden nicht ersetzt

- Rechnungen von Sozialen Diensten (z.B. Heimhilfe, Essen auf Rädern, Betreutes Wohnen)
- Rechnungen über Physio- oder Ergotherapien etc.
- Fahrtendienste und Taxis
- Kosten, die mit und für Assistenz anfallen (z.B. Fahrtkosten für Assistentin, zweite Theaterkarte, der Große Braune im Café Central für die Assistentin, Nächtigung, Verpflegung und Tickets zu/vom und am Urlaubsort)
- Barauszahlungen, Voraus- und Teilzahlungen sind nicht gestattet.

Angehörige

Das Konzept der Persönlichen Assistenz beinhaltet auch die Unabhängigkeit von der Familie. Deshalb akzeptiert der Fonds Soziales Wien pro Abrechnungsmonat nur 30 % des Verbrauchs für Assistenzleistungen durch Familienangehörige.

Die übrigen 70 % sind durch außenstehende Assistentinnen abzudecken. Auch Familienangehörige müssen in einem sozialversicherungspflichtigen Dienstverhältnis angemeldet

sein, damit man die Entlohnung mit der Pflegegeldergänzungsleistung bezahlen kann.

Meldepflicht

Dem Fonds Soziales Wien sind zur Kenntnis zu bringen:

- Änderungen des Einkommens und/oder des Pflegegeldes
- Umzug
- Ein- oder Auszug von Haushaltsangehörigen
- Aufenthalte außerhalb Wiens, die jährlich insgesamt mehr als fünf Wochen betragen
- Kuraufenthalte, Rehabilitation, Krankenhausaufenthalt
- Stundenanzahl der bewilligten Persönlichen Assistenz am Arbeitsplatz

Die Pflegegeldergänzungsleistung wird bei einem **Kur- oder Rehabilitationsaufenthalt** weiter gewährt, wenn Sie nach-weisen, Persönliche Assistenz während des Aufenthaltes in Anspruch genommen zu haben. Allerdings muss der Fonds Soziales Wien dies vorher genehmigen.

Endlich Chefin!

Erläuterungen zum Arbeitgeberinnenmodell

„Ich bin Arbeitgeberin, weil ich gerne alles selbst kontrolliere, bestimme und überblicke, wofür ich verantwortlich bin."

„Ich bin Arbeitgeberin, weil ich mir bestimmte Handhabungen sehr wohl durch Gesetze, nicht aber von einer Assistenzanbieterin vorschreiben lassen will."

Rechte und Pflichten

Die **Höhe der Bezahlung** obliegt Ihrer Entscheidung und im Rahmen Ihrer finanziellen Mittel, angemessen für die Arbeitnehmerin.

Sie sind verpflichtet, sich an **Arbeits- und Sozialversicherungsrecht** zu halten, Ihre Assistentinnen zu bezahlen und sie bei der Sozialversicherung anzumelden. Sie haben gegenüber Ihren Arbeitnehmerinnen eine Sorgfaltspflicht. Dazu gehören auch sämtliche Regelungen rund um Urlaub, Krankheit, Pausen usw.

Das Arbeits- und Sozialversicherungsrecht ist in Österreich äußerst kompliziert, daher ist die Unterstützung durch eine **Steuerberaterin** bei der Lohnabrechnung Ihrer Assistentinnen äußerst hilfreich (und daher im Rahmen der Pflegegeldergänzungsleistung im Arbeitgeberinnenmodell vorgeschrieben).

Die Aufgabe der Steuerberaterin ist es, die monatliche und jährliche **Lohnabrechnung** für die von Ihnen beschäftigten Assistentinnen vorzubereiten, sowie Sie über Änderungen im Sozialversicherungsrecht auf dem Laufenden zu halten und diese in die Lohnverrechnung fristgerecht einzubeziehen.

Anfangs kann die Steuerberaterin Sie auch bei der Berechnung der möglichen Assistenzstunden, des Stundenentgeltes für Ihre Assistentinnen und bei der Einschätzung Ihrer budgetären Möglichkeiten unterstützen.

Ersuchen Sie Ihre Steuerberaterin, die **Lohnkosten** jeder einzelnen Ihrer Dienstnehmerinnen und die Jahreslohnkosten im Voraus zu berechnen.

Nur so können Sie den Überblick über Ihre monatlichen Zahlungen für Gehälter und Honorare behalten und beurteilen, ob diese im Rahmen Ihrer Förderhöhe sind.

Personalangelegenheiten

Folgende Unterlagen Ihrer Assistentinnen sind mindestens 7 Jahre aufzuheben:

- Ausweis (wenn dieser nicht der Reisepass ist auch vom Staatsbürgerschaftsnachweis) in Kopie
- Meldezettel in Kopie
- Sozialversicherungsnummer (e-card in Kopie)
- gegebenenfalls Krankmeldungen und Urlaubsscheine
- Dienstpläne und unterschriebene Stundenlisten
- Honorarnoten bei Freien Dienstnehmerinnen
- Verwendungsnachweisformulare, die Sie an den Fonds Soziales Wien schicken (zu Ihrer besseren Übersicht)

- Kontoauszüge ihres Kontos für die Pflegegeldergänzungs-
  leistung (PGE)
- Dienstvertrag (30 Jahre)
- Sozialversicherung An- und Abmeldung (30 Jahre)

Die Steuerberaterin benötigt für die Anmeldung bei der
Österreichischen Gesundheitskasse Ihre Daten als
Dienstgeberin und die Ihrer Assistentinnen.

Welche Beschäftigungsverhältnisse gibt es?

Angestelltenverhältnis

Bei einer Anstellung von Assistentinnen ist zu beachten, dass
diese für Sie als Privatperson über das Hausangestelltengesetz
möglich ist. Den Gesetzestext finden Sie im Internet, unter
http://www.ris.bka.gv.at/. Unter anderem sind dort auch die
vorgeschriebenen **Mindestlöhne** festgesetzt.

Die wichtigsten Punkte sind:

- Anspruch auf 13., 14. **und 15. Monatsgehalt**
- Anspruch auf 5 Wochen Urlaub
- Krankenstandsfortzahlung

Bei Krankheit und Urlaub muss das Gehalt weiterbezahlt
werden. Bedenken Sie bitte, dass bei Erkrankung oder Urlaub
der angestellten Assistentin eine andere Assistentin die
Vertretung übernehmen muss.

Für diesen Fall müssen Sie als Arbeitgeberin für die
Finanzierung die doppelten Kosten einplanen. Bei weiteren
Fragen wenden Sie sich bitte an Ihre Steuerberaterin oder Peer-
Beratungsstelle.

Anstellung unterhalb der Geringfügigkeitsgrenze:
Bedingungen wie bei einer vollversicherten Anstellung, aber es
wird nur die Arbeitsunfallversicherung durch die Arbeitgeberin
bezahlt. Die Arbeitnehmerin ist für Steuerabgaben und für ihre
Sozialversicherung selbst verantwortlich.

Freier Dienstvertrag

Der Unterschied zur Anstellung ist, dass nur Leistungsentgelt
bezahlt werden.

Die Stunden werden gezählt und nach vereinbartem Stunden-
entgelt bezahlt. Die geleisteten Stunden und somit der Aus-
zahlungsbetrag kann von Monat zu Monat variieren. Am Ende
des Monats stellt die Assistentin eine **Honorarnote** über die
geleisteten Stunden.

Das heißt:

- Keine Entlohnung während des Urlaubes
- Kein Weihnachts- und Urlaubsgeld
- Keine Fortzahlung während des Krankenstandes
- (Krankengeld wird direkt durch die Österreichische
  Gesundheitskasse ausbezahlt; bitte mit Ihrer Steuerberaterin
  abklären)

Trotzdem wird der volle Sozialversicherungsbeitrag von Arbeitgeberin und Assistentin bezahlt, sodass Pensions-, Arbeitslosenanspruch und Unfall- und Krankenversicherung besteht.

Die Einkommenssteuer muss von der Arbeitnehmerin selbst abgeführt werden.

Freier Dienstvertrag unterhalb der Geringfügigkeitsgrenze: Bedingungen wie beim vollversicherten Freien Dienstvertrag, aber es wird nur die Arbeitsunfallversicherung durch die Arbeitgeberin bezahlt. Die Arbeitnehmerin ist für Steuerabgaben und Versicherung selbst verantwortlich. Sie ist nur am Weg von und zum Arbeitsplatz und während des Dienstes versichert.

Aus rechtlichen Gründen darf für Persönliche Assistentinnen nur der Freie Dienstvertrag nach Erlass des Sozialministeriums nach § 4/4 ASVG aus dem Jahr 1997 verwendet werden.
Siehe Downloadbereich:
https://www.bizeps.or.at/wissenswertes/persoenliche-assistenz-in-wien/

Da das Persönliche Assistenz-System aber in vielen Aspekten eher einem Angestelltenverhältnis (Weisungsgebundenheit) entspricht, kann bei einer Prüfung durch die ÖGK bzw. gerichtlich vorgeschrieben werden, dass eine Anstellung erfolgen muss, und das nicht erst ab der Überprüfung, sondern rückwirkend bis zum Beginn des Arbeitsverhältnisses! Wir raten daher von Freien Dienstverträgen ab.

Werkvertrag

Ein freies Dienstverhältnis liegt auch vor, wenn ein Werkvertrag abgeschlossen wird. Bei einem Werkvertrag ist die Assistentin selbst für alle Abgaben und Anmeldungen (Steuern und Sozialversicherungsabgaben, Wirtschaftskammer, usw.) verantwortlich. Am Ende des Monats stellt die Assistentin eine **Rechnung** über die geleisteten Stunden. Da der Paragraphen-Dschungel für selbstständige Erwerbstätige in Österreich äußerst dicht ist, **raten wir von Werkverträgen dringend ab.**

Drei Modelle zur Organisation

Entweder:
Sie kontaktieren eine **Assistenzanbieterin** und bekommen Unterstützung bei der Assistenzsuche. Die Assistentin ist bei der Anbieterin angemeldet und versichert. Am Monatsende bekommen Sie eine Rechnung über die konsumierten Stunden, die Ihre Assistentinnen im vergangenen Monat bei Ihnen geleistet haben.

Oder:
Sie werden **Arbeitgeberin**, suchen Ihre Assistentinnen auf dem Freien Arbeitsmarkt selbst, kontaktieren eine Steuerberaterin und bezahlen Assistentinnen und Abgaben direkt.

Ihr Persönlicher **Assistenz-Cocktail:**
Sie nehmen beide Modelle, schütteln sie gut durch und genießen eine Mischung daraus, angepasst an Ihre Situation.

Noch nicht im Supermarkt und auch nicht im Fundbüro ...

Assistenzsuche

Die Suche nach Persönlichen Assistentinnen beginnt ...

- ein Inserat
- im privaten Umfeld
- über eine Assistenzanbieterin

Dazu ist es wichtig, zu wissen

WEN Sie suchen:
Frau oder Mann, Autofahrerin oder nur Fußgängerin, mit Hundeallergie, ohne Reptilienphobie, stark genug, um Sie auf den Großglockner zu begleiten, sanft genug, um den Fußbalsam danach einzumassieren, mit Kochkenntnissen oder ohne ...

WANN Sie diese benötigen:
Tag, Nacht und dazwischen

Niemand kann bei einem Bewerbungsgespräch in die Zukunft sehen. Vertrauen Sie Ihrem Gefühl!

Schiff Ahoi!

Haben wir Ihre Neugierde geweckt, in unbekannte Gewässer aufzubrechen und Neues zu entdecken?

Sind Sie bereit, abzulegen und sich auf den Weg zu machen? Wir unterstützen Sie gerne auf Ihrer Reise und laden Sie zu einer persönlichen Beratung ein. Wir prüfen mit Ihnen Ausgangshafen, Tauwerk, Windstärke und besprechen Rettungsmanöver und Proviant.

In diesem Sinne wünschen wir Ihnen viel Mut auf Ihrem Weg in die Selbstbestimmung!

Das BIZEPS-Team

Wir unterstützten Sie!

Der Verein BIZEPS betreibt seit dem Jahr 1992 eine Beratungsstelle für behinderte Menschen und deren Angehörige in Wien, die nach den Kriterien der Selbstbestimmt-Leben-Bewegung organisiert ist und nach deren Wertvorstellungen arbeitet.

Beratungen finden in unserem Büro oder per Videokonferenz statt. Beratungen sind bei uns in vielen verschiedenen Sprachen möglich.

Redaktion: Martin Ladstätter, Magdalena Scharl, Cornelia Scheuer, Titelbild: Eva Kosinar; Foto: BIZEPS/Peter Miletits